DISCOURS

SUR

L'ÉGALITÉ DES PARTAGES

DANS LES SUCCESSIONS

EN LIGNE DIRECTE,

PAR MIRABEAU,

LU A L'ASSEMBLÉE NATIONALE, LE JOUR DE LA MORT DE MIRABEAU,

PAR M. DE TALLEYRAND.

Séance du 2 avril 1791.

A PARIS,

CHEZ LES MARCHANDS DE NOUVEAUTÉS.

1826.

DISCOURS

SUR

L'ÉGALITÉ DES PARTAGES

DANS LES SUCCESSIONS,

EN LIGNE DIRECTE

MESSIEURS,

Ce n'est que par degrés qu'on peut opérer la réforme d'une législation vicieuse, soit que le législateur craigne de renverser d'un seul coup le fondement de toutes les erreurs que son génie lui découvre, soit qu'il n'aperçoive ces erreurs que successivement, et qu'il ait besoin d'avoir déjà beaucoup fait pour connaître tout ce qu'il doit faire.

Vous avez commencé par détruire la féodalité, vous la poursuivez aujourd'hui dans ses effets : vous allez comprendre dans vos réformes ces lois injustes que nos coutumes ont introduites dans les successions. Mais, messieurs, ce ne sont pas seulement nos lois, ce sont nos esprits et nos habitudes qui sont tachés des principes et des vices de la féodalité. Vous devez donc aussi porter vos regards sur les dispositions purement volontaires

qui en sont l'effet. Vous devez juger si ces institutions d'héritiers privilégiés, de préciputs, majorats, substitutions, fidéicommis, doivent être per-
mises par les lois qui règleront désormais nos
successions.

Les comités de constitution et d'aliénation vien-
nent de vous présenter un projet qui embrasse
toute la matière des propriétés relatives aux successions et partages. Les détails de cette intéres-
sante loi vont vous occuper successivement ; mais
ils dépendent d'une question qu'il importe d'ap-
profondir, d'un principe qu'il faut reconnaître. Il
nous faut examiner, relativement aux chefs de famille, ce qui concerne le droit de tester, ses fon-
dements et ses limites. Alors seulement nous
toucherons à la source de tous les abus ; alors,
peut-être, nous sentirons la nécessité de les détruire tous ensemble par le bienfait de la loi que
l'on vous propose.

Voici donc la question fondamentale qui se présente : la loi doit-elle admettre chez nous la libre
disposition des biens en ligne directe ? c'est-à-dire
un père ou une mère, un aïeul ou une aïeule doi-
vent-ils avoir le droit de disposer à leur gré de leur
fortune, par contrat ou par testament, et d'établir
ainsi l'inégalité dans la possession des biens domestiques ? C'est ce que je me propose d'examiner.

Les formes et les règles testamentaires ont varié
et varient encore à l'infini chez les divers peuples
de la terre, et souvent chez le même peuple ; mais,

à quelques exceptions près, la faculté de tester a été accordée de tout temps à tout citoyen qui possède quelque propriété transmissible, et qui n'est pas dans le cas particulier d'incapacité.

Ceux qui ont traité cette matière ont pu se méprendre sur le fondement et le caractère d'un système aussi général. Ce qui est universellement adopté peut être regardé aisément comme un principe pris dans la nature. Des erreurs bien plus grossières ont échappé à la philosophie des légistes.

Si le droit dont jouissent les citoyens, de disposer de leurs propriétés pour le temps où ils ne seront plus, pouvait être regardé comme un droit primitif de l'homme, comme une prérogative qui lui appartient par les lois immuables de la nature, il n'est aucune loi positive qui pût les en priver légitimement. La société n'est pas établie pour aneantir nos droits naturels, mais pour en régler l'usage, pour en assurer l'exercice. Cette question, sur la faculté de disposer arbitrairement de ses biens par testament, n'en serait donc pas une, surtout dans une constitution comme la nôtre, dont le premier caractère est le respect pour les droits de l'homme.

Il faut donc voir ce que la raison prononce à cet égard. Il faut voir si la propriéte existe par les lois de la nature, ou si c'est un bienfait de la société. Il faut voir ensuite si, dans ce dernier cas, le droit de disposer de cette propriété par voie de testament en est une conséquence nécessaire.

Si nous considérons l'homme dans son état originaire, et sans société réglée avec ses semblables, il paraît qu'il ne peut avoir de droit exclusif sur aucun objet de la nature; car ce qui appartient également à tous, n'appartient réellement à personne.

Il n'est aucune partie du sol, aucune production spontanée de la terre, qu'un homme ait pu s'approprier à l'exclusion d'un autre homme. Ce n'est que sur son propre individu, ce n'est que sur le travail de ses mains, sur la cabane qu'il a construite, sur l'animal qu'il a abattu, sur le terrain qu'il a cultivé, ou plutôt sur la culture et même sur son produit, que l'homme de la nature peut avoir un vrai privilége.

Dès le moment qu'il a recueilli le fruit de son travail, le fonds sur lequel il a déployé son industrie retourne au domaine général, et redevient commun à tous les hommes. Voilà ce que nous enseignent les premiers principes des choses.

C'est le partage des terres, fait et consenti par les hommes rapprochés entre eux, qui peut être regardé comme l'origine de la vraie propriété ; et ce partage suppose, comme on le voit, une société naissante, une convention première, une loi réelle. Aussi les anciens ont-ils adoré Cérès comme la première législatrice du genre humain.

Et c'est par là, messieurs, que la matière que nous traitons est liée aux lois politiques, puisqu'elle tient au partage des biens territoriaux, à la trans mission de ces biens, et par là même à la grande question des propriétés dont ils sont la source.

Nous pouvons donc regarder le droit de propriété, tel que nous l'exerçons, comme une création sociale. Les lois ne protègent pas, ne maintiennent pas seulement la propriété ; elles la font naître en quelque sorte, elles la déterminent, elles lui donnent le rang et l'étendue qu'elle occupe dans les droits du citoyen.

Mais de ce que les lois reconnaissent les droits de propriété et les garantissent, de ce qu'elles assurent en général aux propriétaires la disposition de ce qu'ils possèdent, s'ensuit-il que ces propriétaires puissent de plein droit disposer arbitrairement de leurs biens, pour le temps où ils ne seront plus ?

Il me semble, messieurs, qu'il n'y a pas moins de différence entre le droit qu'a tout homme de disposer de sa fortune pendant sa vie, et celui d'en disposer après sa mort, qu'il n'y en a entre la vie et la mort même. Cet abîme ouvert par la nature sous les pas de l'homme, engloutit également ses droits avec lui ; de manière qu'à cet égard, être mort, ou n'avoir jamais vécu, c'est la même chose.

Quand la mort vient à nous frapper de destruction, comment les rapports attachés à notre existence pourraient-ils encore nous survivre ? Le supposer, c'est une illusion véritable, c'est transmettre au néant les qualités de l'être réel.

Je sais que les hommes ont professé de tout temps un saint respect pour la volonté des morts. La politique, la morale et la religion ont concouru pour consacrer ces sentiments. Il est des cas, sans doute, où le vœu du mourant doit faire loi pour ceux qui survivent. Mais ce vœu lui-même a ses lois aussi; il a ses limites naturelles; et je pense que, dans la question dont il s'agit, les droits de l'homme, en fait de propriété, ne peuvent s'étendre au-delà du terme de son existence.

La propriété ayant pour fondement l'état social, elle est assujettie, comme les autres avantages dont la société est l'arbitre, à des lois, à des conditions. Aussi voyons-nous partout le droit de propriété soumis à certaines regles, et renfermé, selon le cas, dans des limites plus ou moins étroites. C'est ainsi que, chez les Hébreux, les acquisitions, les aliénations de terre, n'étaient que pour un temps, et que le jubilé voyait rentrer, au bout de cinquante années, tous les héritages dans es familles de leurs premiers maîtres. C'est ainsi que, malgré la liberté laissée en général aux citoyens de disposer de leurs fortunes, la loi réprime la prodigalité par l'interdiction : on pourrait citer vingt autres exemples.

La société est donc en droit de refuser à ses membres, dans tel ou tel cas, la faculté de disposer arbitrairement de leurs fortunes. Le même pouvoir, qui fixe les règles testamentaires et annule les testaments quand ces règles ont été violées, peut interdire en certaines circonstances les testaments mêmes, ou en limiter étroitement les dispositions; il peut déterminer, par sa volonté souveraine, un ordre constant et régulier dans les successions et les partages.

Il ne s'agit donc plus que de savoir si ce que le législateur peut, il le doit faire; s'il doit refuser au citoyen qui a des enfants la faculté de choisir entre eux des héritiers privilégiés.

Les lois romaines l'accordent, on le sait, et c'est un grand argument pour plusieurs juristes.

J'ignore, messieurs, s'il faut rendre grâces à ces lois romaines, ou s'il ne faut pas se plaindre de leur empire sur la jurisprudence moderne. Dans les siècles des ténèbres, ces lois ont été notre seule lumière; mais dans un siècle de lumières, les anciens flambeaux pâlissent; ils ne servent qu'à embarrasser la vue, ou même à retarder nos pas dans la route de la vérité.

Peut-être est-il temps qu'après avoir été subjugués par l'autorité des lois romaines, nous les soumettions elles-mêmes à l'autorité de notre raison; et qu'après en avoir été esclaves, nous en soyons juges. Peut-être est-il temps que nous sachions voir dans ces lois le génie d'un peuple qui n'a point connu les vrais principes de la législation civile, et qui a été plus occupé de dominer au dehors que de faire régner l'égalité et le bonheur dans ses foyers. Peut-être est-il temps que nous rejetions des lois où la servitude filiale découlait de l'esclavage, autorisé par ces lois mêmes; où un chef de famille pouvait non seulement déshériter tous ses enfants, mais les vendre; où la crainte, repoussant le fils du sein paternel, éteignait ces doux rapports, flétrissait ces tendres sentiments que la nature fait naître, et qui sont les premiers rudiments de la vertu. Peut-être est-il temps que les Français ne soient pas plus les écoliers de Rome ancienne que de Rome moderne; qu'ils aient des lois civiles faites pour eux, comme ils ont des lois politiques qui leur sont propres; que tout se ressente, dans leur législation, des principes de la sagesse, non des préjugés de l'habitude; enfin qu'ils donnent eux-mêmes l'exemple, et ne reçoivent la loi que de la raison et de la nature.

Or, messieurs, que nous dit cette nature, dans la matière que nous discutons? Si elle a établi l'égalité d'homme à homme, à plus forte raison de frère à frère, cette égalité entre les enfants d'une même famille ne doit-elle pas être mieux reconnue encore et plus respectée par ceux qui leur ont donné la naissance?

C'est un axiome de droit devenu vulgaire, que les enfants sont les héritiers naturels de leurs parents; ce qui indique à la fois, et la légitimité du titre en vertu duquel une famille entre dans l'héritage laissé par ses chefs, et l'égalité du droit que la nature donne à chacun de ses membres sur cet héritage.

Il serait superflu de déduire ici les raisons qui

établissent ce droit de succession des enfants dans la propriété des biens de leurs pères. Quoi qu'on pût opposer à ces titres, il n'en résulterait rien qui pût ébranler l'opinion commune, au sujet de ce droit d'hérédité, et affaiblir la juste protection que la société lui accorde.

Puisque le droit de propriété sur la plupart des biens dont les hommes jouissent est un avantage qui leur est conféré par les conventions sociales, rien n'empêche, si l'on veut, qu'on ne regarde ces biens comme rentrant de droit, par la mort de leurs possesseurs, dans le domaine commun, et retournant ensuite, de fait, par la volonté générale, aux héritiers que nous appelons légitimes.

La société a compris que, si les biens abandonnés par la mort de leurs possesseurs ne doivent pas servir à grossir les fonds publics, que s'il faut à ceux qui disparaissent d'entre les vivants, des successeurs particuliers qui les remplacent dans leurs possessions, ces successeurs ne pouvaient être pris que dans la famille même qui était en quelque sorte copropriétaire de ces mêmes biens. La société a senti que les propriétés étant durables, tandis que les propriétaires périssent, la succession de père en fils était le seul moyen raisonnable de représenter le premier acquéreur des biens. La société a senti que c'est moins ici une nouvelle prise de possession par voie d'héritage, qu'une continuité des mêmes jouissances et des mêmes droits, résultant de l'état précédent de communauté. Enfin la société a senti que, pour transférer les biens d'un défunt hors de sa famille, il faudrait dépouiller cette famille pour des étrangers, et qu'il n'y aurait à cela ni raison, ni justice, ni convenance.

Cette loi sociale, qui fait succéder les enfants aux pères dans la propriété des biens domestiques, doit se montrer dans toute sa pureté, quand le chef de famille meurt *ab intestat*. Alors les enfants qui succèdent partagent selon les lois de la nature, à moins que la société ne joue ici le rôle de marâtre, en rompant à leur égard la loi inviolable de l'égalité.

Mais il ne suffit pas d'avoir fait disparaître de notre code ce reste impur des lois féodales, qui, dans les enfants d'un même père, créaient quelquefois, en dépit de lui, un riche et des pauvres, un protecteur hautain et d'obscurs subordonnés; lois corruptrices, qui semaient des haines là où la nature avait creé la fraternité, et qui devenaient complices de mille désordres, si pourtant il n'est pas plus vrai de dire qu'elles les faisaient naître. Il ne suffit pas d'avoir détruit jusqu'au dernier vestige de ces lois funestes; il faut prévenir par de sages statuts les passions aveugles, qui n'auraient pas des effets moins pernicieux que ces lois mêmes; il faut empêcher l'altération qu'elles apportent insensiblement dans l'ordre civil.

Voyez, messieurs, l'état actuel de la société, considérez-le comme un dernier effet de nos institutions, de nos lois; comme un résultat de ce qu'ont été et de ce qu'ont fait nos devanciers. Voyez, dans ce résultat, pour combien l'on peut y faire entrer tout le mal qu'a produit, pendant des siècles, le vice de nos lois testamentaires, et la monstrueuse inégalité des partages qui en a été la suite. Certainement vous trouverez, par cette analyse, que ces mauvaises lois ont fortement contribué à écarter de plus en plus la société de la nature ; vous trouverez qu'il ne sera pas indifférent, pour l'y ramener, de tarir cette source d'écarts et de désordres.

Ce serait donc une résolution juste en elle-même, conforme à la nature des choses, et salutaire dans ses effets ; ce serait une résolution également sollicitée et par l'intérêt social, et par l'intérêt domestique, que celle qui supprimerait dans les familles toute disposition testamentaire dont l'objet serait d'y créer une trop grande inégalité dans les partages.

Cette institution ne serait pas nouvelle dans l'histoire des lois matrimoniales. On connaît la législation du premier peuple de la Grèce. Je ne parle pas de ses anciennes lois, un peu sauvages ; elles ne permettaient aucun testament. Je parle des lois faites dans un siècle civilisé, de celles qui furent données par Solon. Eh bien ! ce législateur célèbre, en réformant sur ce point la loi générale des Athéniens, en admettant le droit de tester, excepta néanmoins de ce droit les chefs de famille. Il voulut que tout fût réglé, dans les successions en ligne directe, par les lois de la république, et rien par la volonté des citoyens.

Eh quoi ! n'est-ce pas assez, pour la société, des caprices et des passions des vivants ? Nous faut-il encore subir leurs caprices, leurs passions, quand ils ne sont plus ? N'est-ce pas assez que la société soit actuellement chargée de toutes les conséquences résultant du despotisme testamentaire, depuis un temps immémorial jusqu'à ce jour ? faut-il que nous lui préparions encore tout ce que les testateurs futurs peuvent y ajouter de maux par leurs dernières volontés, trop souvent bizarres, dénaturées même ? N'avons-nous pas vu une foule de ces testaments où respirait tantôt l'orgueil, tantôt la vengeance, ici un injuste éloignement, là une prédilection aveugle ? La loi casse les testaments appelés *ab irato* ; mais tous ces testaments qu'on pourrait appeler *à decepto*, *à moroso*, *ab imbecilli*, *à delirante*, *à superbo*, la loi ne les casse point, ne peut les casser. Combien de ces actes, signifiés aux vivants par les morts, où la folie semble le disputer à la passion ; où le testateur fait de telles dispositions de sa fortune, qu'il n'eût osé de son vivant en faire confidence à personne ; des dispositions telles, en un mot, qu'il a eu besoin pour se les permettre de se détacher entièrement de sa mémoire, et de penser que le tombeau serait son abri contre le ridicule et les reproches !

(Le silence de l'assemblée est interrompu par des applaudissements.)

Je ne sais, messieurs, comment il serait possible de concilier la nouvelle constitution française, où tout est ramené au grand et admirable principe de l'égalité politique, avec une loi qui permettrait à un père, à une mère, d'oublier, à l'égard de leurs enfants, ces principes sacrés d'égalité naturelle ; avec une loi qui favoriserait des distinctions que tout réprouve, et accroîtrait ainsi, dans la société, les disproportions résultantes de la diversité des talents et de l'industrie, au lieu de les corriger par l'égale division des biens domestiques.

Le concours de la loi et de l'opinion a détruit chez nous cette prépondérance générale que les noms et les titres se sont arrogée trop long-temps. Il a fait disparaître ce pouvoir magique qu'un certain arrangement de lettres alphabétiques exerçait jadis parmi nous. Ce respect, cette admiration pour des chimères a fui devant la dignité de l'homme et du citoyen. Or, je ne sais rien de mieux, pour faire repousser des rejetons à cette vanité ensevelie, que de laisser subsister des usages testamentaires qui la favorisent, de cultiver en quelque sorte par les lois ce fonds trop fertile d'inégalité dans les fortunes. Il n'y a plus d'aînés, plus de privilégiés dans la grande famille nationale ; il n'en faut plus dans les petites familles qui la composent.

Ne voyez-vous pas quelle est la manie de ceux qui, nés sans fortune, sont parvenus de manière ou d'autre à s'enrichir? Enflés de cet avantage , ils prennent aussitôt un certain respect pour leur propre nom ; ils ne veulent plus le faire passer à leurs descendants qu'escorté d'une fortune qui le recommande à la considération ; ils se choisissent un héritier parmi leurs enfants, ils le décorent par testament de tout ce qui peut soutenir la nouvelle existence qu'ils lui préparent; et leur orgueilleuse imagination se peint, par delà même le tombeau , une suite de descendants qui feront honneur à leurs cendres. Ah! étouffons ce germe de distinctions futiles; brisons ces instruments d'injustice et de vanité.

Messieurs, il en est d'un mauvais gouvernement comme d'une mauvaise machine, les défauts s'y corrigent quelquefois les uns par les autres , et le mouvement se soutient encore au moyen de ces misérables compensations. Mais une pièce vient-elle à se rompre, on ne peut la refaire sans remanier en quelque sorte tout l'ouvrage.

Dans notre précédent gouvernement , une multitude de victimes étaient sacrifiées, par la barbarie des lois féodales , ou par l'orgueil paternel , à la décoration d'un premier-né. Alors les ordres religieux, les bénéfices, les couvents, les places de faveur appelaient les rebutés des familles : voilà deux maux, dont l'un servait en quelque sorte de remède à l'autre. Aujourd'hui, grâce à la sagesse courageuse de cette assemblée, ces lieux de refuge sont fermés ; mais aussi il ne faut plus d'opprimés qui les réclament. Si, d'un côté, les spéculations de l'intérêt ne peuvent plus souiller nos autels ; que, de l'autre, des enfants réprouvés par leurs propres pères n'aient plus à regretter ces ressources justement proscrites.

(Le côté gauche et les tribunes applaudissent vivement.)

Mais quoi ! les avantages domestiques qui naissent en foule d'un système parfait d'égalité dans les familles ne forment-ils pas un des plus forts arguments pour l'y établir ? les rapports naturels qui unissent les pères à leurs enfants, les enfants à leurs pères, ne se resserrent-ils pas, quand vous écartez ces pratiques dénaturées, placées entre eux par une société mal ordonnée ?

Ah ! on ne le voit que trop, ce sont les pères qui ont fait ces lois testamentaires ; mais en les faisant ils n'ont pensé qu'à leur empire, et ils ont oublié leur paternité. Ils en ont été punis, en faisant naître dans le cœur de leurs enfants, à la place des sentiments doux et sincères, de ce penchant naturel d'amour, de respect et de gratitude, des motifs de crainte et des vues secrètes d'intérêt; ils en ont été punis, en préparant quelquefois les dérèglements et le malheur de ces favoris de leur vanité.

Et les enfants entre eux ! Je demande si l'inégalité du sort qui les attend n'est pas d'avance une source de jalousie, de haine ou d'indifférence domestique ; et si ces tristes et naturels effets ne se prolongent pas souvent dans la société, de manière à diviser pour toujours des branches d'une même famille. Or, vous le savez, messieurs, le bonheur de la société se compose en plus grande partie d'affections privées ; c'est dans les foyers domestiques que se forment les sentiments et les habitudes qui décident de la félicité publique.

Et quelle source féconde de querelles, de difficultés, de procès, ne serait pas tarie par ce moyen simple et naturel ! Les tribunaux ne retentissent que trop de contestations causées par l'obscurité des lois, le choc des usages, l'incertitude du droit entre les diverses classes de citoyens ; c'est bien pis encore quand la discorde traîne les familles devant les juges : alors l'acharnement est d'autant plus vif, les difficultés plus interminables, et le ressentiment plus profond, que les liens du sang sont plus étroits ; la société en est déchirée, et le scandale s'ajoute à la ruine.

Il y a plus, et je pense que toute l'éducation d'une famille tend naturellement à se régler sur le sort qui attend les enfants dans le partage des biens domestiques. L'inégalité de ce partage appelle l'inégalité des soins paternels. celle même des sentiments et de la tendresse. Mais, tandis que le fils privilégié, qui fait plus particulièrement l'espoir et l'orgueil de ses parents, reçoit une éducation plus recherchée, lui, de son côté, sentant que son sort est fait dans le monde, et qu'il s'agit bien moins pour lui d'être que de paraître, de se rendre utile que de jouir, profite comme on peut le croire des soins qu'on lui donne. Quant au reste de la famille, vouée en quelque sorte à l'obscurité, son éducation se ressent de la destinée qu'on lui prepare. C'est ainsi que tout se corrompt sous l'influence des mauvaises lois.

La société, sans doute, a droit aussi de demander à ses législateurs qu'ils ne la privent plus des membres utiles que les lois testamentaires lui ont enlevés jusqu'à ce jour. Pourquoi, peut-elle leur dire, consacreriez-vous à l'oisiveté, au dérèglement (ce qui est souvent la même chose), ces privilégiés de familles qui se croient, par leur fortune, faits uniquement pour les plaisirs? Pourquoi, pour favoriser un mariage qui ne flatte souvent qu'un vain orgueil, en empêcheriez-vous plusieurs qui pourraient être fortunés? Pourquoi condamneriez-vous au célibat plusieurs enfants de la même famille, en faisant dévorer par un seul d'entre eux l'établissement de tous les autres? Pourquoi, surtout, ces filles tendres, sensibles, dont les égards et les services ont contribué plus particulièrement au bonheur de leurs proches, pourquoi seraient-elles les premières victimes de ces prédilections dictées par l'orgueil et les préjugés? Pourquoi ne pourraient-elles pas donner naissance à une postérité qui les récompensât de leur tendresse par le même attachement et les mêmes soins?

Oui, messieurs, l'égalité de partage des biens domestiques est liée avec les moyens d'encourager les mariages, d'accroître la population, d'augmenter le nombre des propriétés foncières, comme elle tient au moyen d'entretenir cette égalité générale, qui est à la fois l'un des principes et l'un des points de vue de votre excellente constitution.

Si l'on vous dit que la nature est une puissance protectrice, qui combattra suffisamment dans l'âme d'un père l'injustice, la dureté, la partialité envers ses enfants, je répondrai par le fatal pervertissement dont cette faible nature est trop susceptible; je répondrai par des exemples qui ne sont que trop éclatants et trop nombreux, et j'ajouterai que ce n'est pas aux lois à favoriser les passions dont l'influence a tant d'étendue; que ce n'est pas aux lois à faire prévaloir les préjugés, les fantaisies, les injustices d'un homme, dans le temps même où il n'est plus, sur les intérêts de la génération présente et ceux de la postérité.

Mais quoi! un fils sage et respectueux ne pourra-t-il pas être distingué, par le testament de son père, d'un fils rebelle et sans conduite! Quoi! ce qu'un enfant aura dissipé en folles dépenses, son père ne pourra pas en indemniser ses autres enfants, et rétablir ainsi l'équilibre!

Messieurs, ne faisons pas ce sophisme trop commun, de supposer dans un renouvellement de choses tous les vices naissants de l'ancien régime, et de croire nécessaires, dans l'état de force et de santé, les mêmes mesures, les mêmes préservatifs que dans l'état de faiblesse et de maladie. En créant de meilleures lois, en instituant une éducation vraiment nationale, en rappelant partout l'égalité, en rendant l'estime publique nécessaire, que ne faisons-nous pas pour les bonnes mœurs et pour en inspirer le goût au jeune âge !

Tout est lié dans l'état civil. Si l'on voit la jeunesse se corrompre, c'est que les sources de corruption lui sont ouvertes. Le fils privilégié n'est pas toujours séduit le premier par ses espérances de fortune. Souvent cette perspective appelle de bonne heure les faux amis ; elle provoque les offres des avides séducteurs, des complaisants mercenaires. Établissez l'égalité dans les familles, vous écartez le piége, vous attaquez le désordre dans les premiers ferments qui l'excitent. Prévenir le mal, c'est mieux faire qu'y remédier.

Eh ! dira-t-on encore, les pères ne pourront-ils pas échapper également à l'intention de la loi, par des dons arbitraires faits de leur vivant aux objets de leur prédilection ?

Messieurs, quand la loi a tout fait pour le bon ordre, on ne peut pas s'en prendre à elle si les hommes sont encore plus adroits pour l'éluder qu'elle n'est puissante pour les contenir. Mais, dans un gouvernement libre, osons croire à l'amour des lois et à leur empire sur le cœur de l'homme. Osons croire qu'un bon citoyen rougira de transgresser les lois dans le sein même de sa famille, et qu'il ne se permettra pas pendant sa vie des préférences injustes qui lui sont interdites après sa mort. Enfin il y a toujours une grande différence entre l'état de choses où le mal est permis, favorisé par la loi, et celui où il est commis malgré la loi même.

Croyez-le, messieurs, l'éducation domestique, pour être bonne, doit être fondée sur des principes d'exacte justice, de douceur et d'égalité. Moins les lois accorderont au despotisme paternel, plus il restera de force au sentiment et à la raison. Dites aux pères que leur principal empire doit être resserré dans l'autorité de leurs vertus, dans la sagesse de leurs leçons et les témoignages de leur tendresse. Faites-leur sentir que ce sera là désormais leur première puissance domestique, et vous verrez qu'ils seront d'autant plus excités à faire usage de ces douces armes, à les aiguiser en quelque sorte, à les rendre sûres et irrésistibles. Ainsi l'union, les soins réciproques, l'amour fraternel et filial, s'enrichiront de tout ce qu'aura perdu l'esprit de domination et d'intérêt. Il n'existera plus alors qu'une sorte d'enfants privilégiés, d'enfants qui recueilleront ce qu'il y a de plus précieux dans l'héritage de leurs pères : ce seront ceux qui emporteront le plus de fruit de la bonne éducation qu'ils auront reçue.

Je conclus donc à ce que l'assemblée nationale adopte les dispositions qui sont la base du projet soumis à son examen, savoir :

1° Qu'à l'avenir, toutes institutions de préciputs, majorats, fidéicommis, par contrat ou testament, soient prohibés entre toutes personnes : et qu'à l'égard de ces institutions actuellement existantes, il soit statué des mesures convenables pour assurer la jouissance de celles échues et l'abolition des autres ;

2° Que toute personne ayant des descendants en ligne directe ne puisse disposer, par testament, que d'une quotité déterminée de ses biens.

Mais je m'oppose autant qu'il est en moi à ce que cette quotité soit le quart des biens du testateur, selon le projet du comité, cette proportion beaucoup trop forte étant contraire aux principes que j'ai développés, et reproduisant en grande partie les vices d'inégalité dont il faut extirper ici la racine, ce qu'il sera aisé de démontrer, quand la discussion aura atteint cet article. Je demande donc que cette quotité, dont les chefs de famille pourront disposer par testament, soit bornée à la dixième partie de leurs biens. C'est assez pour ceux qui désirent laisser après eux quelques témoignages d'affection, de reconnaissance particulière ; et c'est trop pour ceux qui sont animés d'autres sentiments :

Je demande donc : -

1° Que l'ordre et le partage des successions en ligne directe ascendante et descendante soient invariablement fixés par la loi ;

Qu'il soit assuré aux héritiers, dans cette ligne, les neuf dixièmes de la masse des biens de celui auquel ils succéderont ;

Et qu'en conséquence, l'usage des donations entre-vifs, institutions contractuelles, dispositions testamentaires sans charges de rapport, et généralement toutes autres dispositions tendantes à deranger l'ordre de succéder et à rompre l'égalité dans les partages, soient prohibées aux ascendants envers leurs descendants, et respectivement jusqu'à concurrence de neuf dixièmes dans ladite masse, sauf la libre disposition de la dixième partie en faveur des personnes étrangères à la ligne.

2° Que les substitutions et fidéicommis soient à l'avenir prohibés entre toutes personnes ;

Et qu'à l'égard des substitutions qui ont commencé d'avoir leur exécution, ou sous la foi desquelles il a été contracté des alliances, elles ne conservent d'effet que dans un degré et par une seule mutation, toute extension au-delà d'un degré étant révoquée et abolie.

(Ce discours, écouté avec une attention religieuse, fut plusieurs fois interrompu par des applaudissements qui se renoulèrent à la fin de la lecture qu'on en venait de faire.)

DE L'IMPRIMERIE DE LACHEVARDIERE FILS,
RUE DU COLOMBIER, N° 30, A PARIS.